Pflegeratgeber für praktische Lösungen im Arbeitsalltag

Altenpflege aktuell

Pflegegradmanagement stärkt wirtschaftliches Handeln in der Altenpflege

Horst Brzoska

Institut für Altenpflege Neuss
5. Ausgabe – Januar 2018

Altenpflege aktuell

Pflegegradmanagement stärkt wirtschaftliches Handeln in der Altenpflege

Horst Brzoska

Institut für Altenpflege, Freithof 30, 41460 Neuss
Telefon: 02131/0151-43165987
E-Mail: horstbrzoska-beratung@t-online.de
www.institut-fuer-altenpflege.de

Inhaltsübersicht

Vorbemerkung

Der ab September 2017 monatlich erscheinende neue Pflegeratgeber gibt Fach- und Führungskräften in der Altenpflege aktuelle und nützliche Informationen, um mit schwierigen Fragen und Problemen im Arbeitsalltag professionell umgehen zu können. Die Inhalte orientieren sich überwiegend an den Themen, die wir im Rahmen unserer Weiterbildung zur Heim- und Pflegedienstleitung am Institut für Altenpflege in Neuss besprechen. Aus dem Inhalt: Leistungsrecht der Pflegeversicherung, Auf- und Ablauforganisation in Pflegeeinrichtungen, Refinanzierung der Heimkosten, Arbeits- und Sozialrecht sowie Personal- und Führungsmanagement. Die Januar-Ausgabe des neuen Ratgebers befasst sich mit Mess- und Kennzahlen eines effektiven Pflegegradmanagements, das in stationären Pflegeeinrichtungen immer wichtiger wird. Kernpunkte der fünften Auflage des Leitfadens sind das Einstufungs- und Pflegegradmanagement sowie die Kontrolle und Steuerung des Pflegeprozesses unter veränderten wirtschaftlichen Rahmenbedingungen.
Ich wünsche Ihnen beim Lesen des Leitfadens recht viele neue Impulse und Ideen für Ihre tägliche Arbeit. Machen Sie sich auf den folgenden Seiten Ihr eigenes Bild. Sollten Sie Anregungen oder Themenvorschläge für eine der nächsten Ausgaben haben, nehme ich diese gerne auf.

Horst Brzoska

1. Pflegegradmanagement stärkt wirtschaftliches Handeln in der Altenpflege

Durch das Pflegestärkungsgesetz II haben sich die Rahmenbedingungen in der Altenpflege ab 2007 grundlegend verändert. Konnten nach dem alten System der Pflegestufen Abweichungen der Belegungsstruktur im Jahresverlauf noch durch eine schlüsseltreue Personalsteuerung kompensiert werden, hat die Einführung des neuen einrichtungseinheitlichen Eigenanteils (EEE) der Bewohner dazu geführt, dass das bisherige System der Kostensteuerung nicht mehr funktioniert. Vielmehr ergeben sich die neuen Pflegesätze nach fünf Pflegegraden als Summe aus einem für alle Bewohner einheitlichen Eigenanteil zuzüglich den Leistungsbeträgen der Pflegeversicherung. Fazit: Gestaffelte Pflegeentgelte sind quasi durch abgestufte Leistungsbeträge der Pflegeversicherung vorgegeben. Der Bewohner zahlt künftig selbst bei steigendem Pflegegrad unverändert denselben Zuzahlungsbetrag.

Für Pflegeeinrichtungen bedeutet die Neuregelung, dass die hohen Pflegegrade meist kostendeckend und die niedrigen Pflegrade deutlich defizitär sind. Ein Austausch von Bewohnern mit hohem Pflegegrad in niedrigere Pflegegrade wirkt demnach verlusttreibend. Ein weiterer Grund, warum sich der Pflegegradmix in Zukunft negativ entwickeln könnte, liegt in der künstlich hohen Überleitung (doppelter Stufensprung) der Bewohner mit erheblich eingeschränkter Alltagsaktivität zum Zeitpunkt der Umstellung 2016/2017.

Vor diesem Hintergrund kommt einem transparenten und effektiven Pflegegradmanagement in stationären Pflegeeinrichtungen eine herausragende Bedeutung zu, um die Betriebsabläufe im eigenen Haus nach betriebswirtschaftlichen Grundsätzen erfolgreich und zukunftsträchtig gestalten zu können. Hier ein kurzer Überblick über die Themen in dieser Ausgabe:

- Einstufung in den richtigen Pflegegrad gut vorbereiten
- Neues Begutachtungsinstrument verändert Belegungs- und Pflegegradstruktur
- Berechnung des durchschnittlichen Pflegegradmix
- Welcher Pflegegrad ist kostendeckend und welcher nicht?
- Pflegeschlüssel der aktuellen Belegung anpassen
- Pflegeschlüssel bei gravierenden Veränderungen des Pflegegradmix mit Kostenträgern neu verhandeln.

1.1 Einstufung in den richtigen Pflegegrad gut vorbereiten

Mit der Einführung des neuen Pflegebegriffs ab 2017 hat sich auch das Verfahren zur Feststellung der Pflegebedürftigkeit grundlegend verändert. Gab es nach dem alten System drei Pflegestufen, so bestimmen in Zukunft fünf Pflegegrade die Belegungsstruktur in den Pflegeheimen. Die Neudefinition von „Selbständigkeit" pflegebedürftiger Menschen in der Altenpflege hat dazu geführt, dass sich die Abstände zwischen den einzelnen Pflegegraden verringert haben, so dass schon kleine pflegestufenrelevante Veränderungen des Hilfebedarfs eine Höherstufung rechtfertigen. Von Pflegefachkräften wird erwartet, dass sie sich gut mit dem neuen Begutachtungssystem, das nicht mehr auf den früheren Zeitkorridoren aufbaut, auskennen.

Zur ersten Orientierung über den Pflegegrad der betroffenen Person sollte die betreuende Fachkraft bereits vor der Begutachtung die individuelle Pflegesituation einschätzen. Die Begleitung und kritische Stellungnahme gegenüber dem Gutachter kann ihr nur gelingen, wenn sie sich gut vorbereitet und den Pflegeprozess überzeugend kommuniziert. Die Anwendung des neuen Verfahrens sollte sich am besten auf ausgewählte Pflegefachkräfte beschränken, die über das notwendige Know-how verfügen und erfahren in der Umsetzung sind. Die Einstufung der Pflegeperson in den richtigen Pflegerad stellt letztlich eine permanente Herausforderung an das Wissen und die Erfahrungen der Pflegefachkraft dar. Sie sollte zu jedem Zeitpunkt den Begutachtungsprozess intensiv begleiten und souverän agieren können.

1.2 Systembedingte Faktoren beeinflussen die Pflegegradstruktur

Neben den alltäglichen Veränderungen der Pflegegrade gibt es auch systembedingte Veränderungen der Pflegegradstruktur, die sich unmittelbar auf eine wirtschaftliche Personalsteuerung in der Einrichtung auswirken. Dazu zählen insbesondere die großzügige Überleitung von Pflegestufen in Pflegegrade (doppelter Stufensprung) sowie die Einführung des einrichtungseinheitlichen Eigenanteils (EEE) für alle Bewohner des jeweiligen Hauses. Die Entwicklung zeigt, dass viele Pflegebedürftige nach der Überleitung einen höheren Pflegegrad haben, als sie nach dem neuen Begutachtungsinstrument bekommen würden. Das führt künftig zu einem sukzessiven Austausch höherer Pflegegrade durch niedrigere Einstufungen.

Aktuelle Auswertungen für 2017 belegen, dass sich die Pflegegradstruktur im Vergleich zur Übergangsregelung nach der Pflegereform in vielen Einrichtungen negativ entwickelt und der durchschnittliche Pflegegrad sinkt. Langfristig wird sich die Bewohnerstruktur voraussichtlich zu den niedrigen Pflegegraden hin verschieben. Es erfolgt ein Austausch der hohen Pflegegrade 4 und 5 durch Pflegebedürftige der Pflegegrade 2 und 3. Diese Entwicklung zeichnet sich deutlich ab. Erhebungen in 105 stationären Einrichtungen zeigen, dass sich die durchschnittliche Pflegegradstruktur leicht verschlechtert hat. Auffällig hierbei: Während der Anteil der Pflegegrade 4 und 5 rückläufig war, hat der Anteil der Bewohner in den Pflegegraden 2 und 3 zugenommen.

Eine Belegungsveränderung kann schnell zu einer erheblichen wirtschaftlichen Schieflage der Einrichtung führen und betriebswirtschaftliche Konsequenzen zur Folge haben. Es drohen je nach Ausmaß der Veränderungen erhebliche Umsatzrückgänge, die sorgfältig überwacht und frühzeitig identifiziert werden müssen. Dabei ist die Personalmenge mit rund 80 Prozent der Kosten in der Pflege die wichtigste Steuerungsgröße. Gegebenenfalls müssen bereits vereinbarte Vorgaben in Bezug auf Belegungs- und Pflegegradstruktur neu verhandelt oder angepasst werden. Ratsam ist es, laufend monatliche Soll-Ist-Vergleiche durchzuführen, um Abweichungen feststellen zu können.

Aktuelle Erhebungen zeigen, dass der beschriebene Effekt noch nicht in allen Einrichtungen zu spüren ist, aber in der Gesamtbetrachtung bereits erkennbar. Es ist zu erwarten, dass sich diese Verschiebung im Jahresverlauf spürbar weiter verschärft, weil sich bisher nur ein kleiner Teil der Bewohner verändert hat. Zum Anderen befinden sich unter den aktuellen Bewohnern noch Pflegebedürftige, die im Rahmen der Überleitung ermittelt wurden. Damit kann ein funktionierendes Pflegegradmanagement gezielt für die Planung und Steuerung des Belegungsmanagements genutzt werden. Sollte sich künftig der Belegungsmix in den Häusern tatsächlich in Richtung der oberen Pflegegrade verlagern, wird das die Erlösstruktur der Einrichtungen verändern und zu einem verschärften Wettbewerb um die hohen Pflegegrade im stationären Bereich führen.

1.3 Einheitlicher Eigenanteil verändert die Erlösstruktur

Die Einführung des einrichtungseinheitlichen Eigenanteils (EEE) hat die Handlungsfreiheit für das stationäre Management entscheidend verändert. Während die Pflegesätze bisher von den anfallenden Aufwendungen gestaffelt waren, ergeben sich die Pflegesätze in Zukunft als Summe des EEE und der Leistungsbeträge der Pflegeversicherung. Bewohner haben zwar keine Probleme mehr mit einer Höherstufung, weil die Zuzahlung in den Pflegegraden zwei bis fünf identisch ist. Allerdings führt die Zuzahlung dazu, dass sich die Erlösstruktur der Einrichtung tiefgreifend verändert. Grund: In den meisten Bundesländern korrespondieren die aus den Personalschlüsseln resultierenden Kosten nicht mehr mit den Pflegesätzen, so dass es defizitäre und gut auskömmliche Pflegegrade gibt. Das hat zur Folge, dass das vormals funktionierende System der Personalsteuerung nach Richtwerten in Zukunft meist nicht mehr zu einer wirtschaftlichen Betriebsführung ausreicht. Wie bereits mehrfach erwähnt, ist die Staffelung der Pflegesätze mit den Abstufungen der Leistungsbeträge der Pflegeversicherung vorgegeben. Die Steigerungen orientieren sich aber nicht mehr unmittelbar an den Kosten des Mehr-Personals, weil die Pflegeschlüssel davon losgelöst sind. Die direkte Verbindung zwischen der vorgegebenen Personalmenge und der Höhe der Pflegesätze ist nur noch dann in aggregierten Gesamtbetrachtung aller Bewohner des Heims gegeben und das nur dann, wenn die der Pflegesatzermittlung zu Grunde liegende Belegungsstruktur eingehalten wird, was in der Praxis meist nicht zutrifft.

Durch Entkoppelung der Erlöse von den Richtzahlen sind die hohen Pflegegrade meistens kostendeckend und die niedrigen Pflegegrade deutlich defizitär. Das führt zu einer Quersubventionierung innerhalb der Pflegegrade. Dadurch besteht das erhöhte Risiko einer defizitären Steuerung bei einer Verschlechterung der Pflegradstruktur. Hinzu kommt, dass es in einzelnen Pflegegraden zu Abweichungen von der geplanten Bewohnerstruktur kommt, was die Belegung in Zukunft womöglich schwieriger macht.

1.3.1 Berechnung des EEE für Musterhaus

Für die Berechnung des Einrichtungseinheitlichen Eigenanteils (EEE) des Musterhauses mit 80 Planbetten werden benötigt:

- Der Jahresbetrag aller Pflegesätze der Pflegegrade 2 bis 5 für den kommenden Pflegezeitraum

- Die von der Pflegekasse zu erwartenden Leistungsbeträge aller Bewohner, die vom Jahresbetrag der Pflegesätze abgezogen werden.

Der so ermittelte Fehlbetrag wird anschließend durch die Zahl der Bewohner geteilt, so dass sich für alle Bewohner ein gleich hoher Zuzahlungsbetrag ergibt.

Beispielrechnung für Musterhaus

Pflegesätze pro Monat und Jahr

Pflege-grad	Berechnung/Monat	Plätze	Pflegsätze Jahr
1	30,42 x 38,79 = 1.180,- x 12 x 0		= 0
2	30,42 x 49,73 = 1.513,- x 12 x 12		= 217.872,-
3	3042 x 65,91 = 2005,- x 12 x 28		= 673.680,-
4	30,42 x 82,77 = 2.518,- x 12 x 24		= 725.184,-
5	30,42 x 90,33 = 2.748,- x 12 x 12		= 395.712,-
		76	= 2.012.448,-

Leistungsbeträge der Pflegekasse pro Jahr (2017)

Pflege-grad	Monat/ Euro	belegte Betten/		Leistungsbe-träge/Euro
1	125,00,-	0		0
2	770,00,-	x 12 x 12	=	110.880,-
3	1.262,00,-	x 28 x 12	=	424.032,-
4	1.775,00,-	x 24 x 12	=	511.200,-
5	2.005,00,-	x 12 x 12	=	288.720,-
		76	=	1.334.832,-

Berechnung EEE je Bewohner und Monat

Gesamte Pflegesätze 2.012.448,- Euro abzüglich Leistungsbeträge der Pflegekasse 1.334.832,- Euro = 677.616,- Euro : 76 = 8.916,- Euro/Jahr : 12 = 743,- Euro

Damit beläuft sich der Zuzahlungsbetrag für jeden Bewohner in den Pflegegraden 2 bis 5 auf monatlich 743,- Euro, der sich auch bei einer Höherstufung nicht verändert.

Der einheitliche Zuzahlungsbetrag kann sich bei einem Wechsel von höheren in niedrigere Pflegegrade verlusttreibend auswirken und führt dazu, dass selbst bei wirtschaftlicher Betriebsführung die Pflegesätze nicht mehr auskömmlich sind.

2.   Mit Kennzahlen den Pflegeprozess effizient steuern

In diesem Kapital geht es um Mess- und Richtzahlen, die eine gute Grundlage bilden, den Pflegeprozess unter veränderten Rahmenbedingungen wirtschaftlich zu steuern. Wichtigstes Ziel ist es, den Personaleinsatz langfristig anzupassen, weil die herkömmliche belegungsabhängige Personalsteuerung alleine nicht mehr ausreicht. Wie die Leitung dabei vorgehen kann, zeigt die Beispielrechnung des hier vorgestellten Musterhauses mit 80 Betten. Die Plandaten habe ich den vier Ausgaben des Pflegeratgebers September bis Dezember 2017 entnommen.

Themeninhalte sind:

- Pflegegradmix regelmäßig überprüfen
- Decken die Pflegeerlöse die Pflegepersonalkosten?
- Welcher Pflegegrad ist kostendeckend und welcher nicht?
- Personalmenge über Personalschlüssel bestimmen
- Pflegeschlüssel an die aktuelle Belegung anpassen
- Wann sollten neue Pflegeschlüssel verhandelt werden?
-

2.1 Pflegegradmix regelmäßig überprüfen

Um Abweichungen von den geplanten und aktuellen Pflegegraden feststellen zu können, sollte der Pflegegradmix regelmäßig überprüft werden. Die Kennzahl zeigt jeweils die aktuelle durchschnittliche Belegung der Einrichtung an. Die Berechnung des Pflegegradmix für das hier vorgestellte Musterhaus erfolgt auf der Grundlage der prospektiven Planung für den vereinbarten Pflegezeitraum. Durch regelmäßige Soll-Ist-Vergleiche kann die Leitung jederzeit prüfen, ob und in welchem Ausmaß es Verschiebungen in der Belegungsstruktur gegeben hat. In unserem Musterbeispiel wird die Veränderung der Kennzahl dargestellt, wenn sechs Bewohner mit doppeltem Stufensprung durch neue Bewohner ersetzt werden, die jeweils einen Pflegegrad weniger haben. Sollte sich der „Belegungsmix" in Zukunft in Richtung der oberen Pflegegrade hin bewegen, wird das zu einem verschärften Wettbewerb zwischen den Einrichtungen um die hohen Pflegegrade führen.

<u>**Planbelegung Musterhauses mit 80 Betten**</u>

Pflege-grad	Beeinträchtigung der Selbständigkeit/Fähigkeiten	Belegung	%
PG 1	geringe Beeinträchtigung	0	
PG 2	erhebliche Beeinträchtigung (davon 2 Bewohner mit doppeltem Stufensprung)	12	16%
PG 3	schwere Beeinträchtigung (davon 14 Bewohner mit doppeltem Stufensprung)	28	37 %
PG 4	schwerste Beeinträchtigung (davon 12 Bewohner mit doppeltem Stufensprung)	24	31 %
PG 5	schwerste Beeinträchtigung mit besonderen Anforderungen an die Pflege	12	16%
	Durchschnittlich belegte Betten	76	100 %

<u>Berechnung durchschnittlicher Pflegegradmix</u>

Pflegegrad	Bewohner		Äquivalenzziffer
2	12	=	24
3	28	=	84
4	24	=	96
5	12	=	60
	76	=	264 : 76 = 3,47

Durchschnittlicher Pflegegradmix für Musterhaus mit 80 Planbetten: 3,47 Pflegegrade.

Durchschnittlicher Pflegegradmix nach Absenkung der Pflegegrade

Pflegegrad	Bewohner		Äquivalenzziffer
2	18	=	36
3	25	=	75
4	21	=	84
5	12	=	60
	76	=	255 : 76 = 3,35

Durchschnittlicher Pflegegradmix für Musterhaus mit 80 Betten = 3,35, nachdem 3 Bewohner mit doppeltem Stufenspruch von PG 3 in Pflegegrad 2 und drei weitere Bewohner mit PG 4 in PG 2 eingestuft wurden.

Welche Auswirkung die Veränderung des Pflegegradmix auf die Erlöse der Einrichtung hat, zeigt die Berechnung im folgenden Abschnitt.

Erlöseinbußen durch sinkende Belegungsstruktur

Entscheidend ist die Frage: Wie wirkt sich die Absenkung von drei Bewohnern mit doppeltem Stufenspruch von Pflegegrad 3 nach Pflegegrad 2 und von drei weiteren Bewohnern mit Pflegegrad 4 nach Pflegegrad 2 auf die Erlössituation der Einrichtung aus? Berechnet wurden die Mindereinnahmen für sechs Monate innerhalb des vereinbarten Pflegezeitraums von zwölf Monaten.

Erlösminderung PG 3 gegenüber PG 2 für drei Bewohner und Monat:

 PG 3: 2.005,- Euro – PG 2: 1.513,- Euro = 492,- Euro x 3 Bewohner x 6 Monate = **8.856,- Euro**

Erlösminderung PG 4 gegenüber PG 2 für drei Bewohner:

PG 4: 2.518,- Euro – PG 2: 1.513,- Euro = 1.005,- x 3 Bewohner x 6 Monate = **18.090,- Euro.**

Erlösminderung gesamt: 8.856,-,- Euro + 18.090,- Euro = **26.946,- Euro.**

Die Beispielrechnung verdeutlicht, dass eine bereits relativ kleine Veränderung des Pflegegradmix von 0,12 sich erheblich auf die Erlössituation der Pflegeeinrichtung auswirkt.

In Zukunft ist daher nicht nur eine hohe Kapazitätsauslastung wichtig, sondern gleichzeitig auch ein hoher Pflegegradmix. Bei unvorhergesehenen wesentlichen Veränderungen der Bewohnerstruktur von mehr als zehn Prozent kann der Träger die Pflegesätze auch vor Ablauf der Vertragslaufzeit mit den Kostenträgern neu verhandeln.

2.2   Decken die Pflegeerlöse die Pflegepersonalkosten?

Um prüfen zu können, ob die Einrichtung wirtschaftlich arbeitet, werden den geplanten Jahrespersonalkosten die Erlöse aus den vereinbarten Pflegesätzen gegenübergestellt. Der Soll-Ist-Vergleich zeigt, ob die Erlöse die Kosten decken und ob das Haus im „Plan" ist. Welchen Anteil die einzelnen Pflegegrade am Gesamtergebnis haben, kann durch Berechnung des Deckungsbeitrages je Pflegegrad ermittelt werden. Diese Kennzahl lässt wichtige Rückschlüsse für die Steuerung des Belegungs- und Pflegegradmanagements in der Einrichtung zu.

Die Berechnung der Kosten-/Erlössituation erfolgte auf der Grundlage der Basisdaten für das Musterhauses, das in der November-Ausgabe des Ratgebers 2017 vorgestellt wurde. Verglichen wurden jeweils die für den Pflegezeitraum vereinbarten durchschnittlichen Personalkosten mit den Pflegesatzerlösen je Kalendertag.

__Jahrespersonalkosten Pflege__		__Euro__
Einzelkosten der Pflege	=	1.697.001,00
Gemeinkosten	=	195.916,50
Unternehmergewinn	=	78.073,00
Gesamt:	=	1.970.990,50

Tagesbetrag der Pflegepersonalkosten

1.970.990,50 Euro : 365 = 5.399,97 Euro : 76 = 71,05 Euro

Pflegesätze pro Monat und Jahr

Pflege-grad	Berechnung/ Monat		Plätze		Jahr/Euro
1*	31 x 33,81 =	1.048,11 x 12 x	0	=	0
2	31 x 43,35 =	1.343,85 x 12 x	12	=	193.514,-
3	31 x 61,97=	1.921,07 x 12 x	28	=	645.479,-
4	31 x 84,10 =	2.607,10 x 12 x	24	=	750.845,-
5	31 x 94,74 =	2.936,94 x 12 x	12	=	422.919,-
			76	=	2.012.757,-

Nach den Vorgaben des Pflegestärkungsgesetzes II ist der Pflegesatz für den Pflegegrad 1 in Höhe von 78 % des Pflegrads 2 zu berechnen.

Tagesbetrag der Pflegesätze je Bewohner

2.012.757,- Euro : 365 = 5.514,40 Euro : 76 = 72,56 Euro

In der Beispielrechnung decken die Erträge aus den Pflegesätzen in Höhe von 72,56 Euro die Tagespersonalkosten in Höhe 71,05 Euro.

Fazit: Das Musterhaus arbeitet wirtschaftlich.

2.3 Welcher Pflegegrad ist kostendeckend und welcher nicht?

In Zukunft sind Umsatzrückgänge bei Veränderungen der Pflegegrade möglich. Daher hat die Analyse defizitärer und kostendeckender Pflegegrade sowie die Implementierung eines engmaschigen Pflegegradmanagements bzw. eines ganzjährigen „Pflegesatz-Controllings" eine herausragende Bedeutung. Bestehende Risiken können so in der Pflegeeinrichtung minimiert und gegebenenfalls im Rahmen von neuen Vergütungsverhandlungen mit den Kostenträgern berücksichtigt werden. Um den Personaleinsatz in Relation zur Belegung und den erzielten Erlösen konsequent überwachen zu können, ist es erforderlich, die Deckungsbeträge anhand der individuellen Belegungsstruktur je Pflegegrad (%) zunächst zu bestimmen. Die nachstehende Übersicht zeigt den Anteil der einzelnen Pflegegrade an den Gesamterlösen der Einrichtung in Höhe von 2.012.757,- Euro.

Deckungsbeitrag je Pflegegrad – Stand Oktober 2017

Pflege-grad	Bewoh-ner	Pflegesatz Jahr		Deckungsbeitrag je Pflegegrad	Pflegegrad-Kennzahl
2	12 x	43,35 x 365	=	189.873,00	9 %
3	28 x	61,97 x 365	=	633.333,00	32 %
4	24 x	84,10 x 365	=	736.716,00	37 %
5	12 x	94,74 x 365	=	414.961,20	22 %
	76				100 %

Die Einführung des EEE hat zur Folge, dass Verschiebungen in der Pflegegradstruktur die Erlöse in Zukunft verschlechtern bzw. verbessern können und Pflegeschlüssel nicht immer kostendeckend sind. Um die Auswirkungen der Veränderungen abschätzen zu können, sollten die Deckungsbeiträge der einzelnen Pflegegrade unter Berücksichtigung der realen Kosten und Erlössituation regelmäßig überprüft werden. Diese Betrachtung ermöglicht die fundierte Einschätzung, welcher Pflegegrad bei den individuell ermittelten Personalschlüsseln kostendeckend ist und welcher nicht. Die Aufteilung der Pflegesätze in den einzelnen Pflegegrade in Zuzahlungsbetrag Bewohner und Leistung der Pflegekasse können Sie der nachstehenden Tabelle entnehmen.

<u>**Deckungsbeiträge (%) der Pflegesätze – EEE und Pflegeversicherung**</u>

Pflege-grad	Pflegesatz Monat	Eigenanteil	in %	Anteil Pflege-Versicherung	in %
2	1.513,- €	= 743,- €	49 %	770,- €	42 %
3	2.005,- €	= 743,- €	37 %	1.262,- €	63 %
4	2.518,- €	= 743,- €	30 %	1.775,- €	70 %
5	2.748,- €	= 743,- €	27 %	2.005,- €	73 %

2.4 Personalmenge über Personalschlüssel bestimmen

Auf dieser und den folgenden Seiten wird beschrieben, wie die Einrichtung für den geplanten Pflegezeitraum das vorzuhaltende Pflegepersonal bestimmen kann. In der ersten Stufe erfolgt die Berechnung nach den landesweit vorgegebenen Pflegeschlüsseln in NRW, die eine wirtschaftliche Steuerung des Pflegeprozesses gewährleisten sollen. Ergeben sich im Laufe des Pflegezeitraums systembedingte oder alltägliche Abweichungen von der geplanten Bewohnerstruktur, muss die Leitung prüfen, ob die einzelnen Pflegegrade noch kostendeckend und die Refinanzierung der Personalkosten gewährleistet sind. Notwendig ist vor allem, Kosten und Erlöseinbußen den veränderten Bedingungen anzupassen.

Nach dem alten System der Pflegestufen konnte das Personal belegungsabhängig eingesetzt werden, weil Personalrichtwerte direkt mit den Pflegeerlösen verknüpft waren. In NRW wurde die bisherige Regelung ab Januar 2017 zwar fortgeschrieben, allerdings ohne dass die landesweit vorgegebenen Personalrichtwerte an die neue Erlössituation angepasst wurden. Ein direkter Zusammenhang zwischen Personalmenge und Höhe der Pflegesätze ist daher nicht mehr gegeben. Fazit: Die Erlöse wurden von den Pflegeschlüsseln entkoppelt. Damit stimmt die über die Richtwerte bestimmte Personalmenge nicht mehr mit der Refinanzierung durch die Pflegesätze überein. Die vorgegebenen Richtwerte können damit nicht länger als Garant dafür angesehen werden, dass der Personaleinsatz auch wirtschaftlich erfolgt.

Die folgende Übersicht zeigt die Berechnung der Vollzeitkräfte nach den NRW-Pflegeschlüsseln. Die Personalausstattung für das Musterhauses mit 80 Planbetten erfolgte auf der Grundlage der landesweit einheitlichen Pflegeschlüssel (NRW) sowie der für den Pflegezeitraum 1. Oktober 2017 bis 30. September 2018 geplanten Pflegegradstruktur und einer Auslastung von 95 Prozent der Planbetten. Die Zahlen wurden dem Pflegeratgeber Oktober 2017 entnommen.

Berechnung Soll-Vollzeitpflegekräfte nach Pflegegraden

Pflege-grad	Bewoh-ner	Pflegeschlüssel	Berechnung	Soll-Vollzeit-kräfte (VK)
2	12	1 : 4,66	12 : 4,66	= 2,76
3	28	1 : 3,05	28 : 3,05	= 9,18
4	24	1 : 2,24	24 : 2,24	= 10,71
5	12	1 : 2,00	12 : 2,00	= 6,00
	76		gesamt:	= 28,65

2.4.1 Pflegeschlüssel an die aktuelle Belegung anpassen

Die Entkoppelung der Erlöse von den Richtwerten führt dazu, dass sich die mit zunehmenden Pflegegraden gegebenen Steigerungen des Gesamtentgelts nicht mehr unmittelbar an den Kosten des Mehr-Personals orientieren. Damit stimmt auch die nach den Personalschlüsseln berechnete Personalmenge nicht mehr mit der Refinanzierung durch die Pflegsätze überein. Ergeben sich Abweichungen von der Belegungsstruktur, wirken sich diese bei schlüsselgenauer Steuerung auch auf das Ergebnis aus. Dieses kann lediglich durch eine Mischkalkulation kostendeckender und defizitärer Pflegegrade aufgefangen werden. Als wichtigste Steuerungsgröße müssen daher die landesweit einheitlichen Schlüssel jeweils an die aktuelle Belegung angepasst werden. Der Bestimmung neuer Kennzahlen unter gleichzeitiger Einbindung kostendeckender Stellenschlüssel kommt daher eine erhöhte Bedeutung zu.

Beispiel: **Negativer Deckungsbeitrag**

Eine sinkende Belegungsstruktur kann zu einem derartigen Umsatzrückgang führen, dass die Pflegesätze nicht mehr auskömmlich sind. Dazu zählt auch der „doppelte Stufensprung", wenn übergeleitete Bewohner versterben und durch neue mit einem niedrigeren Pflegegrad ersetzt werden.

Beispielrechnung:

In Abschnitt 2.1 habe ich bereits beschrieben, dass bei Strukturveränderungen von drei Bewohnern mit Pflegegrad 3 nach Pflegegrad 2 und weiteren drei Bewohnern mit Pflegegrad 4 nach Pflegegrad 2 innerhalb von sechs Monaten Mindereinnahmen in Höhe von 26.946,- Euro zu erwarten sind. Welche Auswirkungen das auf die Berechnung der Vollzeitkräfte hat, wird nachstehend untersucht.

Soll-Vollzeitkräfte (alt)

Pflege-grad	Bewoh-ner	Pflegeschlüssel	Berechnung		Soll-Vollzeitkräfte (VK)
2	12	1 : 4,66	12 : 4,66	=	2,76
3	28	1 : 3,05	28 : 3,05	=	9,18
4	24	1 : 2,24	24 : 2,24	=	10,71
	64		64		22,65

Soll-Vollzeitkräfte (neu)

Pflege-grad	Bewoh-ner	Pflegeschlüssel	Berechnung		Soll-Vollzeit-kräfte (VK)
2	19	1 : 4,66	19 : 4,66	=	4,08
3	25	1 : 3,05	25 : 3,05	=	8.20
4	20	1 : 2,24	20 : 2,24	=	8,93
	64		64		21,21

Bei schlüsselgenauer Personalsteuerung führt das zu 22,65 VK – 21,21 VK = 1,44 weniger Vollzeitkräften. Ausgehend von den gesamten Jahrespersonalkosten in Höhe von 1.970.990,50 Euro für insgesamt 28,65 Vollzeitkräfte belaufen sich die Personalkosten für 1,44 Vollzeitkräfte auf:

1.970.990,50 Euro : 12 = 164.249,- : 28,65 Vollzeitkräfte = 5.733,- Euro x 1,44 = 8.256,- Euro. Für 6 Monate sind das: 8.256,- Euro : 2 = 4.128,- Euro.

Die veränderte Bewohnerstruktur führt in dem hier vorgestellten Beispiel innerhalb von sechs Monaten zu einer Finanzierungslücke von 26.946,- Euro - 4.128,- Euro = 22.818,- Euro.

Ähnlich wie beim doppelten Stufensprung verhält es sich auch, wenn Bewohner mit positivem Deckungsbeitrag versterben und Bewohner mit negativem Deckungsbeitrag einziehen. Es ergibt sich dann ein doppelter Effekt: Zum einen geht der positive Deckungsbeitrag verloren und zum anderen verursacht der neueingezogene Bewohner ein zusätzliches monatliches Defizit.

Beispiel: Positiver Deckungsbeitrag

Wie bereits mehrfach betont, führen höhere Pflegegrade zu einer überproportionalen Steigerung der Gesamterlöse, weil diese sich nicht an den Kosten des Mehr-Personals orientieren. Die folgende Beispielrechnung zeigt, dass sich Kosten und Erlöse z.B. bei Höhergruppierungen oder Neuaufnahmen für verstorbene Bewohner unterschiedlich hoch verändern.

Beispielrechnung

Zwei Bewohner der Pflegegruppe (PG) 3 werden nach PG 4 höhergestuft und zwei verstorbene Bewohner mit PG 2 werden durch solche mit PG 4 ersetzt. Die Berechnung gilt für sechs Monate des vereinbarten Pflegezeitraums.

Bewohnerstruktur und Gesamterlöse (alt)

Pflege-grad	Bewoh-ner	Pflegesatz/ Monat	Erlöse gesamt	Euro
2	12	1.513,-	12 x 1.513,- =	18.156,-
3	28	2.005,-	28 x 2.005,- =	56.140,-
4	24	2.518,-	24 x 2.518,- =	60.432,-
	64		64 =	134.728,-

Bewohnerstruktur und Gesamterlöse (neu)

Pflege-grad	Bewoh-ner	Pflegesatz/ Monat	Erlöse gesamt	Euro
2	10	1.513,-	10 x 1.513,- =	15.130,-
3	26	2.005,-	26 x 2.005,- =	52.130,-
4	28	2.518,-	28 x 2.518,- =	70.504,-
			=	137.764,-

Die Berechnung verdeutlicht, dass die Pflegegradveränderungen monatlich zu Mehrerlösen in Höhe von 137.764,- Euro – 134.728,- Euro = 3.029,- Euro führen. Hochgerechnet auf sechs Monate für den vereinbarten Pflegezeitraum sind das: 6 x 3.029,- Euro = 18.234,- Euro.

Anpassung Pflegepersonal an neue Bewohnerstruktur

Den gestiegenen Erlösen stehen erhöhte Personalkosten gegenüber, die anhand der neuen Bewohnerstruktur und den in NRW vorgegebenen Pflegeschlüsseln wie folgt berechnet wurden:

Soll-Vollzeitpflegekräfte nach Pflegegraden (alt)

Pflege-grad	Bewoh-ner	Pflegeschlüssel	Berechnung		Soll-Vollzeit-kräfte (VK)
2	12	1 : 4,66	12 : 4,66	=	2,76
3	28	1 : 3,05	28 : 3,05	=	9,18
4	<u>24</u>	1 : 2,24	<u>24</u> : 2,24	=	<u>10,71</u>
	64		64		22,65

Soll-Vollzeitpflegekräfte nach Pflegegraden (neu)

Pflege-grad	Bewoh-ner	Pflegeschlüssel	Berechnung		Soll-Vollzeit-kräfte (VK)
2	10	1 : 4,66	10 : 4,66	=	2,15
3	26	1 : 3,05	26 : 3,05	=	8,52
4	<u>28</u>	1 : 2,24	<u>28</u> : 2,24	=	<u>12,50</u>
	64		64		23,17

Die Neuberechnung des Personal-Solls führt zu einer Erhöhung des Pflegepersonals um 23,17 – 22,65 = 0,52 Vollzeitstellen. Das entspricht einer Steigerung der Personalkosten um 0,52 x 5.399,- Euro = 2.808,- Euro.

Fazit:

Mit den im Beispiel genannten Höherstufungen kann die Pflegeeinrichtung nach Abzug der stellenneutralen Personalkosten zusätzliche „Mehr"-Erlöse in Höhe von 18.234,- Euro – 2.808,- Euro = **15.426,- Euro** erzielen.

2.4.2 Wann sollten neue Pflegeschlüssel verhandelt werden?

Gibt es in der Pflegeeinrichtung erhebliche Abweichungen von der geplanten Belegung und führen diese zu gravierenden Erlöseinbußen, sollte die Leitung mit den Kostenträgern neue kostendeckende Pflegeschlüssel vereinbaren. In Abschnitt 2.1 habe ich bereits beschrieben, wie die Leitung der Einrichtung die Richtzahlen individuell an die Erlöse anpassen kann.

Pflegegrad 3 - Neuen individuellen Pflegeschlüssel berechnen

Die im Beispiel dargestellte Absenkung der Pflegegrade führt zu einer Erlösminderung von 8.856,- : 6 = 1.476,- Euro monatlich. Gemessen an den durchschnittlichen Personalkosten je Monat in Höhe von 5.733,- Euro bedeutet das 0,68 Vollzeitkräfte weniger für den Pflegegrad 3, so dass 25 Bewohner von 8,20 – 0,68 = 7,52 Vollkräften betreut werden. Das entspricht einem individuellen Richtwert für den Pflegegrad 3 von **1 : 3,32** (25 Bewohner : 7,52 Vollzeitkräfte) Bewohner.

Pflegegrad 4 - Neuen individuellen Pflegeschlüssel berechnen

In diesem Beispiel führt die Absenkung der Pflegegrade zu Erlösminderungen von 18.090,- Euro : 6 = 3.915,- Euro monatlich. Gemessen an den durchschnittlichen Personalkosten je Monat von 5.733,- Euro bedeutet das 2,03 Vollzeitkräfte weniger für den Pflegegrad 4, so dass 20 Bewohner von 8,93 – 2,03 = 6,9 Vollzeitkräften bereut werden. Das entspricht einem individuellen Richtwert für den Pflegegrad 4 von **1 : 2,99** (20 Bewohner : 6,9 Vollzeitkräfte) Bewohner.

Schlussbetrachtung

Mit den in diesem Ratgeber vorgestellten Kenn- und Richtzahlen kann die Leitung frühzeitig Planabweichungen in der Belegung sowie der Erlössituation der Einrichtung erkennen und diese analysieren. Die weitere Vorgehensweise erstreckt sich dann auf die wirtschaftliche Steuerung des Personaleinsatzes und des Kostenverlaufs in den einzelnen Pflegeraden, um mögliche Schieflagen beseitigen zu können. Sollten hohe Pflegegrade über positive Deckungsbeiträge verfügen, und niedrige Pflegegrade bei schlüsselgenauer Personalsteuerung ggf. einen negativen Deckungsbeitrag haben, wirkt sich das doppelt negativ auf die Pflegegradstrukturveränderung aus. Die Betragsdifferenz zwischen positivem und negativem Deckungsbeitrag beeinflusst direkt das Betriebsergebnis. Auch in Summe gleichen sich die unterschiedlichen Deckungsbeiträge jetzt nicht mehr aus, es ergibt sich ein systemimmanentes Verlustrisiko.

Einrichtungs- und Pflegedienstleitung müssen sich daher in Zukunft verstärkt mit folgenden Fragen und Problemen auseinandersetzen:

- Können wir die unteren Pflegegrade noch ausreichend belegen?

- Sollten wir uns künftig verstärkt um die Aufnahme möglichst hoher Pflegegrade bemühen, um höhere Erlöse erwirtschaften zu können?

-   Sollte die Einrichtungsleitung ihr Leistungsange-
    bot möglicherweise um weitere stationäre, teil-
    stationäre und ambulante sektorenübergreifende
    Angebote erweitern, um durch einen größeren
    Handlungsspielraum wirtschaftlich erfolgreich
    handeln zu können?